Lernbiene®
... schöne Unterrichtsmaterialien!

Die kleine AUFSATZ-SCHULE

Vorgangsbeschreibung

Beate Hardt

Klasse 3–4

Impressum

1. Auflage 2017

ISBN 978-3-95664-039-1

Titel: Die kleine Aufsatz-Schule: Vorgangsbeschreibung

Inhalt: Beate Hardt

Illustration: Veronika Mischitz
Weitere: Carla Miller, Anne Rasch, Tina Theel, Annukka Gruschwitz, Anja Freudiger

Fotos: © Andrey Kuzmin – Fotolia (Cover-Hintergrund),
© djoronimo – Fotolia (Cover Mädchen),
© Beate Hardt (Seiten 7, 9, 23 f., 26, 30, 42, 51 ff. und 57)

Verlag: Lernbiene Verlag GmbH
Johannisstr. 8
82418 Murnau a. Staffelsee
Tel.: 08841-4868222
Fax: 08841-4868230
http://www.lernbiene.de

Inhalt

Inhalt

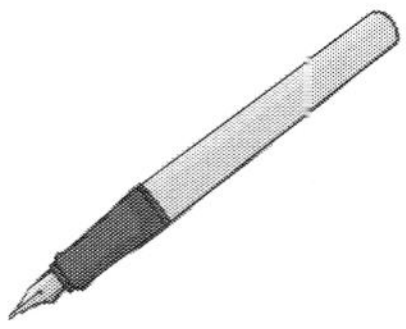

Vorgangsbeschreibung

von Beate Hardt
mit Illustrationen von Veronika Mischitz

In der dritten und vierten Klasse sollen die Kinder lernen, Vorgänge richtig zu beschreiben. Die Herausforderung im Unterricht ist, dass es sich dabei um eine stark realitätsgebundene Literaturform handelt, die damit weniger Spielraum für Fantasie und Kreativität bereithält als viele andere Themen. Deshalb sind ansprechende Materialien, die zum Lernen motivieren und gleichzeitig die grundlegenden Kenntnisse vermitteln, bei diesem Thema besonders wichtig. Die kleine Aufsatz-Schule bietet solche Materialien und zeigt darüber hinaus, wie Sie mit Ihrer Klasse auch die Vorgangsbeschreibung spannend und spielerisch erarbeiten können.

Zielgruppe

Das Material richtet sich an Kinder der 3. und 4. Klasse. Wir haben es vor allem für die Grundschule erstellt. Einzelne Inhalte können Sie aber auch in der Förderschule einsetzen.

Inhalt des Materials

In dieser Mappe finden Sie viele Übungen zur Vorgangsbeschreibung. Sie gliedern sich in die drei Großthemen „Bastelanleitung" („Ich bastle eine Fenster-Biene"), „Beschreibung eines technischen Vorgangs" („So wechselst du eine Füllerpatrone") und „Kochrezept" („Wie man Kräuterquark zubereitet"). Am Ende der Übungen haben wir Ihnen jeweils Merkzettel mit den wichtigsten Infos zur Vorgangsbeschreibung als Hilfestellung und zum schnellen Spicken für die Kinder abgedruckt.
Neben den klassischen Arbeitsblättern zum Üben gibt es im Material außerdem eine Ideen-Box. Sie enthält zusätzliche Anregungen und fächerübergreifende Vorschläge, die allein, mit einem Partner oder mit der ganzen Klasse umgesetzt werden können, zum Beispiel als Hausarbeit oder als „Bonbon" für zwischendurch. Zur Umsetzung einiger Inhalte aus der Ideen-Box brauchen Sie Schmuckblätter. Eine Auswahl finden Sie ab Seite 36.

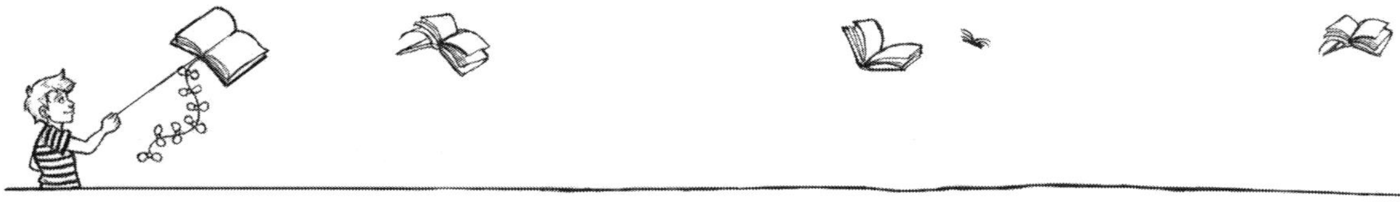

Einsatz der Reihe „Die kleine Aufsatz-Schule“ im Unterricht

Die kleine Aufsatz-Schule können Sie vor allem in der Freiarbeit benutzen, was natürlich nicht ausschließt, die Materialien auch anders einzusetzen. Innerhalb des jeweiligen Bereiches (hier: Bastelanleitung, technischer Vorgang und Rezept) ist keine Reihenfolge in der Erarbeitung zwingend, sondern sie kann individuell auf die Schülerinnen und Schüler abgestimmt werden.

Alle Materialien sind so gestaltet, dass Sie sie den Kinder laminiert oder als kopiertes Arbeitsblatt vorlegen können. Speziell als Kopiervorlagen sind die „Schmuckblätter“ gedacht.

Benötigte Materialien

Zum Basteln der Biene:

- schwarz-gelb gestreifter Karton
- schwarzes Tonpapier
- Bleistift
- schwarzer Filzstift
- Klebstoff
- Schere

Zum Zubereiten des Kräuterquarks mit Dip:

- 500 g Speisequark
- je 1 Bund Petersilie, Dill und Schnittlauch
- 1 Salatgurke
- 2 Karotten
- 1 Paprika
- 1 Baguette
- Salz und Pfeffer

Scheren brauchen die Kinder außerdem für die Übungen „Biene – Textstreifen ordnen“, „Biene – Textpuzzle“, „Patrone – Textpuzzle“, „Patrone – Domino“ und „Quark – Legespiel“. Klebstoff brauchen die Kinder zusätzlich für die Übung „Biene – Textstreifen ordnen“. Für die Ideen-Box werden neben den Schmuckblättern noch Kopien eines Stadtplans und ein Mensch-ärgere-dich-nicht-Spiel benötigt.

Wir wünschen Ihnen viel Freude und Erfolg beim Einsatz des Materials!

Biene – Jetzt wird gebastelt! (1)

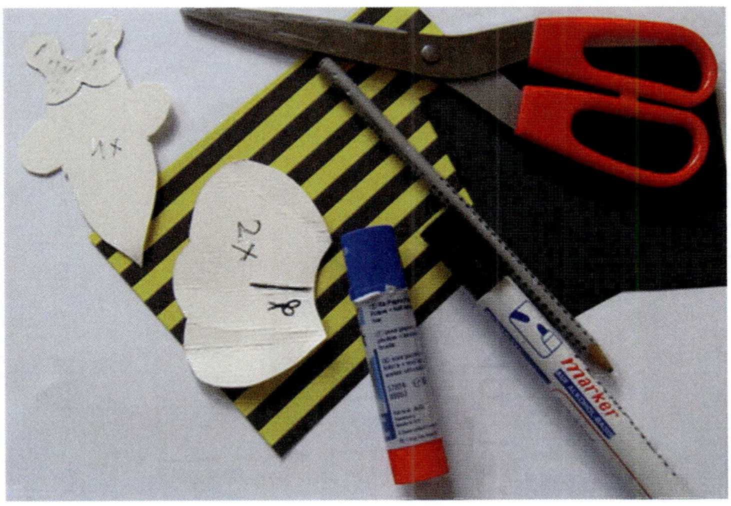

schwarz-gelb gestreifter Karton
schwarzes Tonpapier
Schere
Körperschablone
Flügelschablone
Bleistift
schwarzer Filzstift
Klebstoff

Betrachte das Bild, lies die Materialliste und schneide die Schablonen aus. Bastle dann auch eine Biene.

Biene – Jetzt wird gebastelt! (2)

Biene – Rätselhafte Lücken

Fülle die Lücken mit den Wörtern in der Schriftrolle aus.

Zuerst ________ ich die Körper-Schablone auf den gestreiften ________________. Ich umrande sie mit einem _____________ und _________________ den Körper aus.

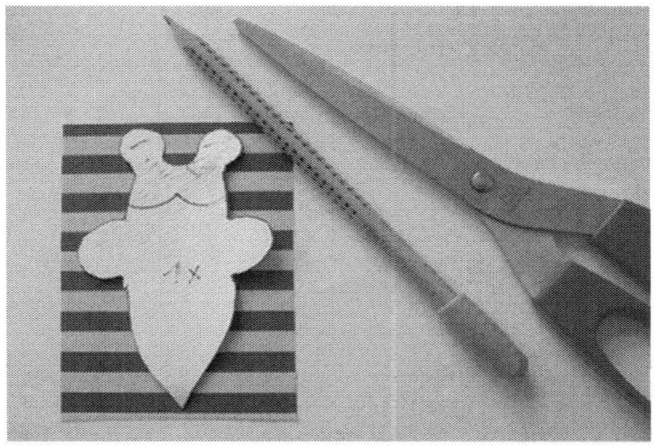

_______________ bemale ich den __________ und die beiden __________der Biene mit einem schwarzen ____________________. Nun lege ich die ____________________ auf schwarzen Karton, _____________ sie mit einem Bleistift und schneide den _______________ aus. Das mache ich zwei Mal.

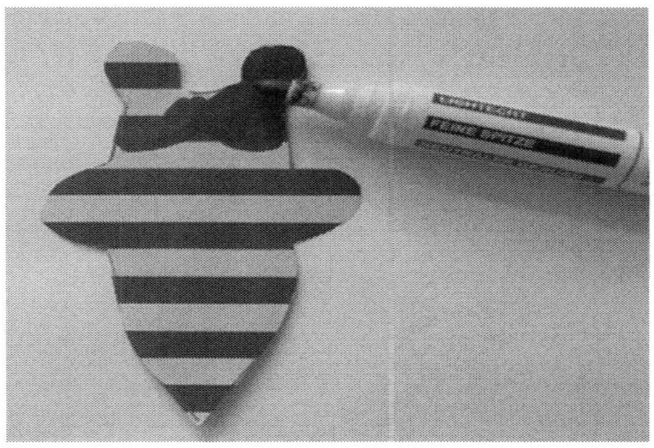

________________ schneide ich die Flügel etwas ein, klebe die beiden _____________ aufeinander und ____________ die Flügel nacheinander auf den ______________________.

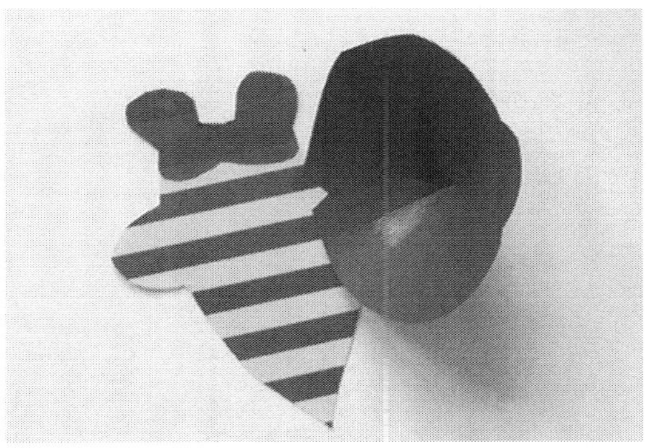

Bienenkörper klebe Spitzen Zum Schluss Flügelschablone umrande Flügel Filzstift Kopf Fühler Anschließend ege Karton Bleistift schneide

Biene – Textstreifen ordnen

Schneide die Textstreifen aus. Ordne sie in der richtigen Reihenfolge. Klebe sie dann auf ein leeres Blatt Papier.

Nun legt man die Flügelschablone auf das schwarze Papier und umrandet sie mit dem Bleistift.

Man zeichnet mit einem Bleistift den Umriss auf und schneidet den Körper aus.

Danach schneidet man den Flügel aus. Das macht man zwei Mal.

Anschließend wird der Kopf mit einem schwarzen Filzstift angemalt.

Die beiden eingeschnittenen Seiten werden etwas übereinandergeschoben und zusammengeklebt.

Jetzt werden die Flügel an der markierten Stelle etwas eingeschnitten.

Zuerst legt man die Körperschablone auf das gestreifte Papier.

Wenn beide Flügel fertig sind, klebt man sie auf den Bienenkörper auf.

Biene – Textpuzzle (1)

Schneide die Karten aus. Mische sie gut durch. Sortiere sie dann in der richtigen Reihenfolge auf die Puzzle-Unterlage auf Seite 2.

Das mache ich zwei Mal.	Fertig!	Nun lege ich die Flügelschablone auf schwarzes Papier, umrande sie und schneide den Flügel aus.
Zuerst lege ich die Körperschablone auf das gestreifte Papier und umrande sie mit einem Bleistift.	Dadurch wölbt sich der Flügel etwas.	Die angeschnittenen Spitzen schiebe ich etwas übereinander und klebe sie zusammen.
Die Flügel werden in der Mitte etwa einen Zentimeter weit eingeschnitten.	Zum Schluss klebe ich beide Flügel seitlich am Bienenkörper fest.	Anschließend schneide ich den Körper aus und male den Kopf und die Fühler schwarz an.

Biene – Textpuzzle (2)

1	2	3
4	5	6
7	8	9

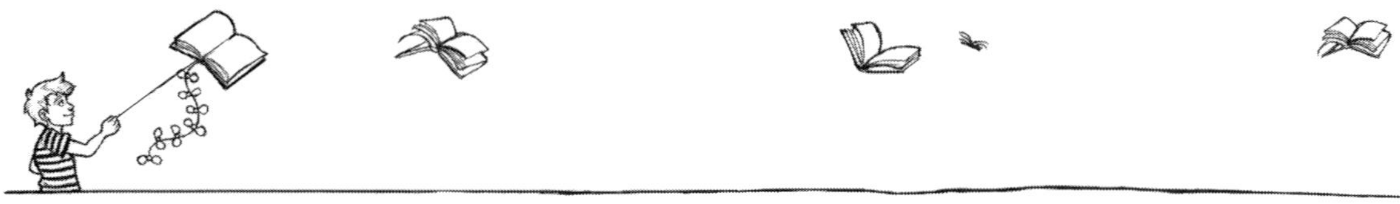

Biene – Stil (1)

Sätze werden abwechslungsreicher, wenn du sie nicht immer gleich aufbaust. Lies das Beispiel. Stelle dann die Sätze um.

Beispiel:

Zum Schluss klebe ich die Flügel auf.

Die Flügel klebe ich zum Schluss auf.

Ich klebe die Flügel zum Schluss auf.

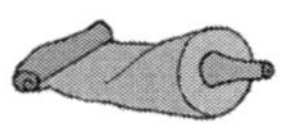

Mittwochs gehe ich immer in die Kunst-AG.

Das neue Schwimmbad wird nächste Woche für Besucher eröffnet.

Im Sportunterricht haben wir immer sehr viel Spaß.

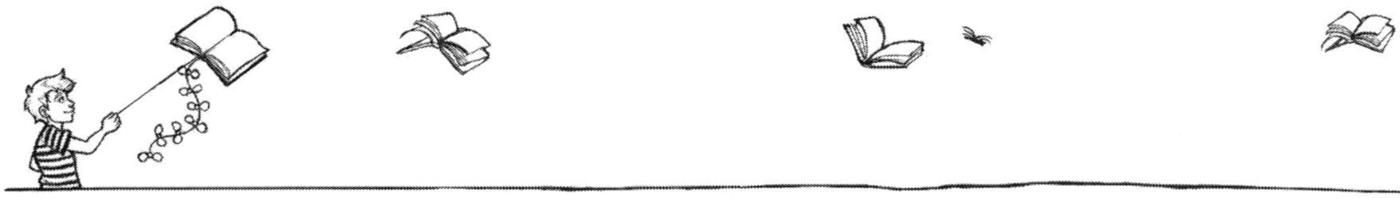

Biene – Stil (2)

Zur Beschreibung von Vorgängen kannst du zwischen der „Ich-Form“, „Du-Form“ und „Man-Form“ wählen. Lies das Beispiel.

Beispiel:

Ich lauf**e.**

Du läuf**st.**

Man läuf**t.**

Die Verben verändern sich, je nachdem welche Form du verwendest!

Schreibe die Verben in den drei Formen auf.

auflegen:

ich ____________________, du ____________________, man ____________________

umranden:

ich ____________________, du ____________________, man ____________________

ausschneiden:

ich ____________________, du ____________________, man ____________________

einschneiden:

ich ____________________, du ____________________, man ____________________

übereinanderschieben:

ich ____________________, du ____________________, man ____________________

Schreibe eine Bastelanleitung zu einem Gegenstand deiner Wahl.
Tipp: Die Merkkarten auf der folgenden Seite helfen dir dabei.

Biene – Merkkarten für die Bastelanleitung

Merkkarte zum Inhalt einer Bastelanleitung

1. Überlege dir eine passende Überschrift für deine Anleitung.
2. Notiere alle Materialen, die man zur Umsetzung braucht.
3. Entscheide dich, welche Personalform du benutzen möchtest: „Ich-Form“, „Du-Form“ oder „Man-Form“.
4. Schreibe Schritt für Schritt auf, wie du vorgehen musst. Beachte die Reihenfolge! Schreibe in der Gegenwart.
5. Benutze unterschiedliche Satzanfänge und verwende treffende Verben und Nomen.

Merkkarte zum Stil einer Bastelanleitung

Satzanfänge:	**Wortliste:**
zuerst	Schablone auflegen
anschließend	Körper ausschneiden
dann	Flügel ausschneiden
danach	Kopf mit Filzstift ausmalen
jetzt	Flügel einschneiden
schließlich	Schnittstellen übereinanderschieben
nun	Umriss nachzeichnen
zum Schluss	Flügel aufkleben
bevor	trocknen lassen

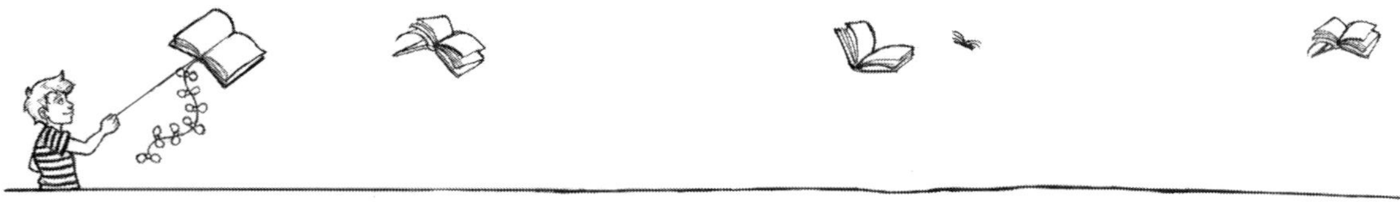

Patrone – Textpuzzle (1)

Schneide die Karten aus. Mische sie gut durch. Sortiere sie dann in der richtigen Reihenfolge auf die Puzzle-Unterlage auf Seite 2.

Ich werfe sie direkt in den Müll.	Nun schreibe ich vorsichtig, bis die neue Tinte nachfließt.	Zuerst ziehe ich die Schutzkappe ab.
Die leere Patrone ziehe ich heraus.	Ich drücke sie an, bis ich einen leichten Widerstand spüre.	Ich stecke sie mit der schmalen Seite voran in den vorderen Teil des Füllers.
Anschließend nehme ich die neue Patrone aus der Packung.	Danach nehme ich den hinteren Teil des Füllers und schraube ihn wieder zu.	Nun schraube ich den Füller auf.

Patrone – Textpuzzle (2)

1	2	3
4	5	6
7	8	9

Patrone – Domino

Suche dir einen Partner. Schneidet die Karten aus. Mischt sie gut durch und verteilt sie. Wer die Startkarte hat, beginnt. Abwechselnd dürft ihr versuchen, eine Karte richtig anzulegen, bis ihr die Vorgangsbeschreibung bis zum Ende gelegt habt.

START 	Zuerst ziehe ich die Schutzhülle ab.
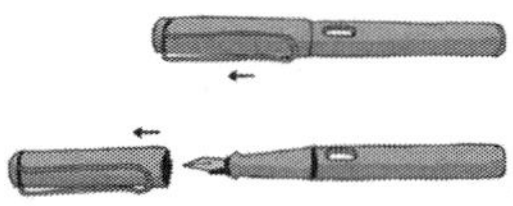	Dann schraube ich den Füller auf.
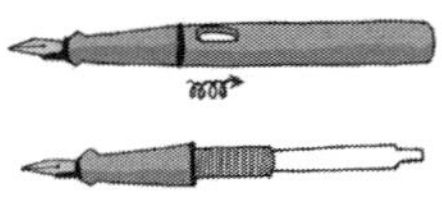	Die leere Patrone ziehe ich heraus.
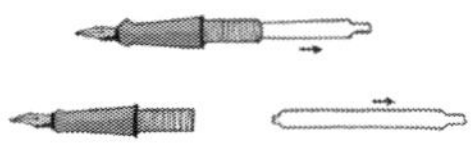	Ich werfe sie in den Müll.
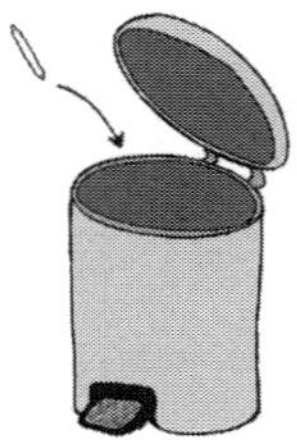	Die neue Patrone stecke ich mit der schmalen Seite voran in den vorderen Teil des Füllers.
	Ich drücke sie sanft an, bis ich einen leichten Widerstand spüre.
	Danach nehme ich den hinteren Teil des Füllers und schraube ihn wieder auf den vorderen.
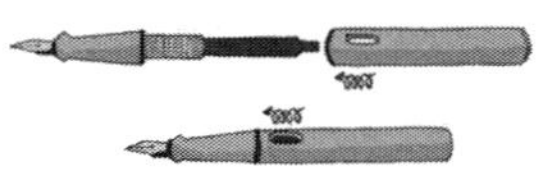	Nun schreibe ich vorsichtig, bis die neue Tinte nachfließt. FERTIG!

Patrone – Rätselhafte Lücken

Fülle die Lücken mit den Wörtern in der Schriftrolle aus.

Bevor ich die Patrone wechsle, hole ich ein Stück ____________ als ____________, damit der Tisch keine ____________ bekommt. Nun ________________ ich die Schutzkappe ab.

Anschließend ______________ ich den Füller auf und ziehe die leere ______________ heraus. Ich ____________ sie direkt in den ___________. Aus der _______________ nehme ich eine neue Patrone.

Mit der schmaleren ___________ zuerst stecke ich sie in den _____________ Teil des Füllers und ____________ sie sanft an, damit sie sich öffnet. Nun ______________ ich den Füller vorsichtig wieder zu. Ich schreibe etwas auf ein Blatt Papier, bis die neue _________ nachfließt. Fertig!

Tinte werfe drücke Mülleimer Patrone Seite Papier
vorderen ziehe Unterlage drehe (2 x) Flecken Schachtel

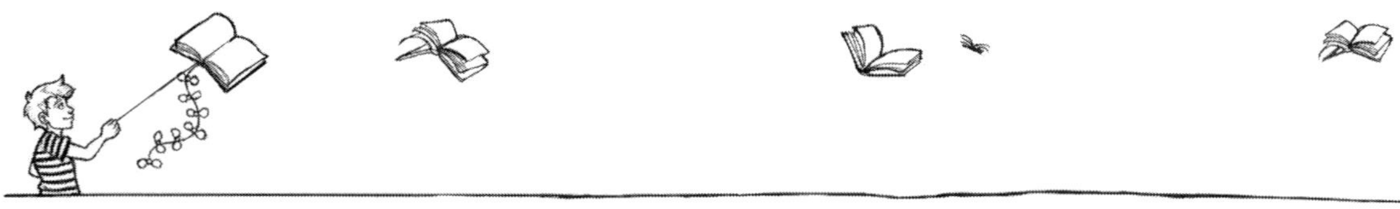

Patrone – Stil (1)

Sätze werden abwechslungsreicher, wenn du sie nicht immer gleich aufbaust. Lies das Beispiel. Stelle dann die Sätze um.

Beispiel:

Anschließend schraube ich den Füller wieder zu.
Ich schraube den Füller anschließend wieder zu.
Den Füller schraube ich anschließend wieder zu.

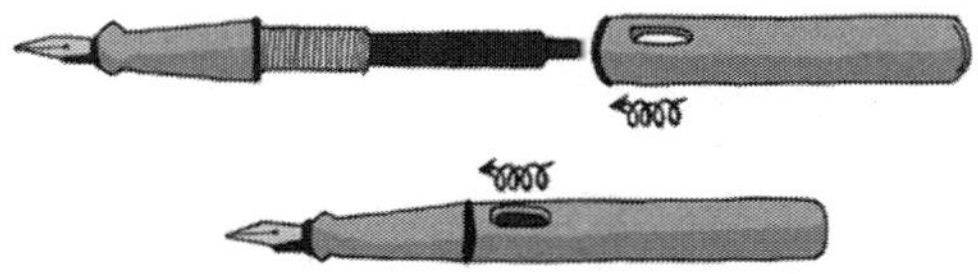

Nach dem Essen mache ich schnell meine Hausaufgaben.

In den Ferien fährt die ganze Familie gern ans Meer.

Nächste Woche feiern wir mit der Klasse das Schulfest.

Patrone – Stil (2)

Zur Beschreibung von Vorgängen kannst du zwischen der „Ich-Form“, „Du-Form“ und „Man-Form“ wählen. Lies das Beispiel.

Beispiel:
Ich seh**e.**
Du sieh**st.**
Man sieh**t.**

Die Verben verändern sich, je nachdem welche Form du verwendest!

Schreibe die Verben in den drei Formen auf.

nachsehen:

ich ____________________, du ____________________, man ____________________

aufschrauben:

ich ____________________, du ____________________, man ____________________

wegwerfen:

ich ____________________, du ____________________, man ____________________

zudrehen:

ich ____________________, du ____________________, man ____________________

Schreibe eine Gebrauchsanleitung zu einem Gegenstand deiner Wahl. Tipp: Die Merkkarten auf der folgenden Seite helfen dir dabei.

Patrone – Merkkarten für die Gebrauchsanleitung

Merkkarte zum Inhalt einer Gebrauchsanleitung

1. Überlege dir eine passende Überschrift für deine Beschreibung.
2. Liste zunächst auf, welche Materialien gebraucht werden.
3. Entscheide dich, welche Personalform du benutzen möchtest: „Ich-Form“, „Du-Form“ oder „Man-Form“.
4. Schreibe Schritt für Schritt auf, wie du vorgehen musst. Beachte die Reihenfolge! Schreibe in der Gegenwart.
5. Benutze unterschiedliche Satzanfänge und verwende treffende Verben und Nomen.

Merkkarte zum Stil einer Gebrauchsanleitung

Satzanfänge:	**Verben:**	**Adjektive:**
zuerst	nachsehen	vorsichtig
anschließend	aufschrauben	sanft
dann	wegwerfen	leer
danach	zuschrauben	voll
jetzt	zudrehen	schmutzig
schließlich	einsetzen	fleckig
nun	herausnehmen	sauber
zum Schluss	andrücken	schwierig
bevor	herausziehen	leicht

Quark – Wir schreiben ein Rezept!

Suche dir einen Partner. Betrachtet das Bild und lest die Zutatenliste. Schreibt das Rezept für den Kräuterquark mit Dip.

Rezept

Zutaten:

500 g Speisequark

je 1 Bund Petersilie, Dill und Schnittlauch

1 klitzekleines bisschen Salz

1 klitzekleines bisschen Pfeffer

2 Karotten

1 Salatgurke

1 Paprika

1 Baguette

Quark – Rätselhafte Lücken

Fülle die Lücken mit den Wörtern in der Schriftrolle aus.

Kräuterquark mit Dip

Zuerst __________ ich die Quarkpackung und fülle den __________ in eine __________. Anschließend schäle ich mit einem ______________ die Gurke.

Die Hälfte davon ___________ ich dann mit einem ________________ in kleine __________ und rühre sie in den Quark hinein.

Die ______________ zerkleinere ich ebenfalls mit dem Küchenmesser und __________ sie unter den Quark. Nun muss ich nur noch ________________ und _____________ hinzugeben und abschmecken. Fertig!

Dazu schmecken frische ______________, Gurkenstangen, in _________________ geschnittene Möhren und frisches Baguette. Guten Appetit!

Paprikastreifen Stäbchen Pfeffer Kräutersalz Kräuter Würfel
Küchenmesser Schälmesser schneide rühre Schüssel öffne
Quark

Wenn ihr wollt, probiert das Rezept in der Klasse aus.

Quark – Legespiel (1)

Schneide die Karten aus. Suche dir einen Partner. Mischt die Karten und legt sie auf dem Tisch aus. Abwechselnd zieht jeder zwei Karten. Zeigen sie ein Bild-Text-Paar, darf man sie behalten. Ansonsten legt man sie wieder zurück. Wer am Ende die meisten Karten hat, gewinnt das Spiel.

Zuerst gibt man den Quark in eine Schüssel.	Eine Hälfte der Gurke schneidet man mit dem Küchenmesser in kleine Würfel.
Nun schneidet man die Kräuter klein.	Man gibt Kräuter und Gurkenwürfel in den Quark.
Danach würzt man mit Kräutersalz und Pfeffer.	Jetzt ist das Gericht fertig. Guten Appetit!

Quark – Legespiel (2)

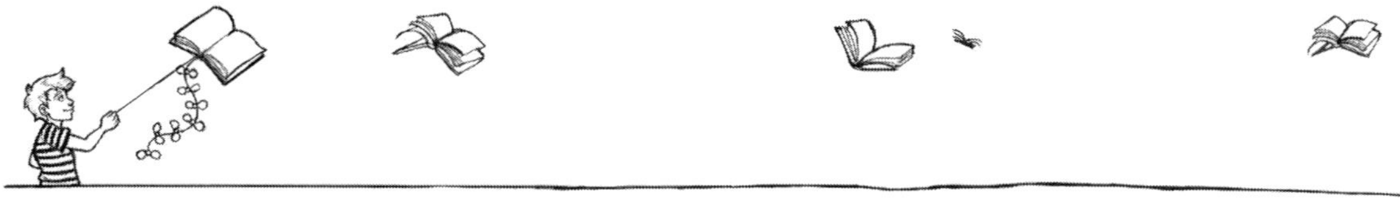

Quark – Textstreifen ordnen

Die Textstreifen sind durcheinandergeraten. Nummeriere sie in der richtigen Reihenfolge durch.

Guten Appetit!	
Die Gurkenwürfel rührt man mit einem Löffel in die Quarkmasse hinein.	
Danach gibt man die Kräuter in den Quark.	
Dann schneidet man die Kräuter klein.	
Eine Hälfte der Gurke schneidet man mit dem Küchenmesser in kleine Würfel.	
Dazu passen Paprikastreifen, Gurkenstangen, Karottenstäbchen und frisches Baguette.	
Zum Schluss wird alles mit Kräutersalz und Pfeffer abgeschmeckt.	
Zuerst gibt man den Quark in eine Schüssel.	
Nun schält man die Gurke.	

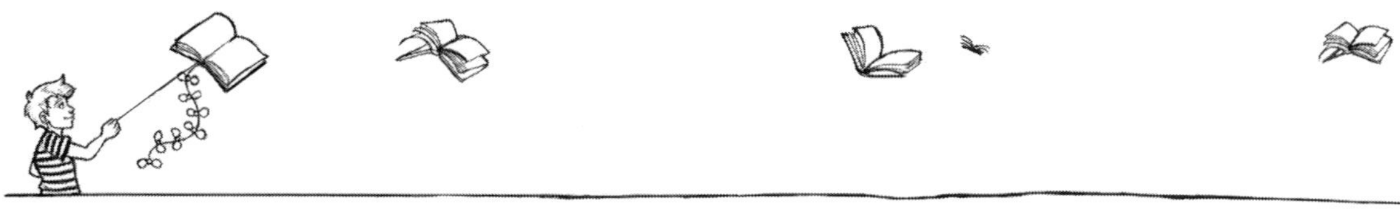

Quark – Stil (1)

Sätze werden abwechslungsreicher, wenn du sie nicht immer gleich aufbaust. Lies das Beispiel. Stelle dann die Sätze um.

Beispiel:

Zum Schluss schneide ich das Baguette.
Das Baguette schneide ich zum Schluss.
Ich schneide das Baguette zum Schluss.

Heute Nachmittag gehe ich mit meinem Freund zum Fußball.

Dann gebe ich den Zucker in die Schüssel.

Das Kochen in der Schulküche macht mir richtig Spaß.

Um Limonade herzustellen, gibt man den Zitronensaft in ein Glas Wasser.

Quark – Stil (2)

Zur Beschreibung von Vorgängen kannst du zwischen der „Ich-Form“, „Du-Form“ und „Man-Form“ wählen. Lies das Beispiel.

Beispiel:
Ich geb**e.**
Du gib**st.**
Man gib**t.**

Die Verben verändern sich, je nachdem welche Form du verwendest!

Schreibe die Verben in den drei Formen auf.

schütten:

ich ____________________, du ____________________, man ____________________

einrühren:

ich ____________________, du ____________________, man ____________________

hinzugeben:

ich ____________________, du ____________________, man ____________________

schneiden:

ich ____________________, du ____________________, man ____________________

abschmecken:

ich ____________________, du ____________________, man ____________________

Quark – Stil (3)

Im folgenden Rezept fehlen die Satzanfänge. Ergänze sie so, dass ein folgerichtiger und abwechslungsreicher Text entsteht.

Kräuterquark mit Dip

_______________ öffnest du die Quarkpackung und füllst den Quark in eine Schüssel.

_______________ schälst du mit einem Schälmesser die Gurke.

_______________ schneidest du die Hälfte davon mit einem Küchenmesser in kleine Würfel.

_______________ zerkleinerst du die Kräuter ebenfalls mit dem Küchenmesser. _______________ rührst du beide Zutaten in den Quark hinein. _______________ musst du nur noch Pfeffer und Kräutersalz hinzugeben und abschmecken.

Übertrage das Rezept in dein Schreibheft. Ändere dabei die Du-Form in die Man-Form.

Schreibe ein Rezept für ein Gericht, das du gerne magst. Wenn du kein Rezept kennst, kannst du auch eines erfinden.

Quarkt – Merkkarten für Kochrezepte

Merkkarte zum Inhalt von Kochrezepten

1. Überlege dir eine passende Überschrift für dein Rezept.
2. Überlege, welche Zutaten benötigt werden. Liste sie auf.
3. Entscheide dich, welche Personalform du benutzen möchtest: „Ich-Form“, „Du-Form“ oder „Man-Form“.
4. Schreibe Schritt für Schritt auf, wie der Vorgang abläuft. Beachte die Reihenfolge! Schreibe in der Gegenwart.
5. Benutze unterschiedliche Satzanfänge und verwende treffende Verben, Nomen und Adjektive.
6. Am Ende von Rezepten steht oft: „Guten Appetit“.

Merkkarte zum Stil von Kochrezepten

Satzanfänge:	**Verben:**	**Nomen:**
zuerst	einfüllen	Schüssel
anschließend	einrühren	Löffel
dann	klein schneiden	Schale
danach	abschmecken	Streifen
jetzt	hinzugeben	Stangen
schließlich	schälen	Stäbchen
nun	schütten	Küchenmesser
zum Schluss	zerkleinern	Schälmesser
bevor	gießen	Appetit

Papierflieger basteln

So geht es:

1. Suche einen Mitschüler, der einen Papierflieger basteln kann.
2. Nimm ein Blatt Papier.
3. Dein Mitschüler erklärt nun Schritt für Schritt, wie du den Flieger basteln sollst. Du darfst nur das tun, was er sagt. Er darf nur beschreiben, nicht helfen.
4. Probiert am Ende gemeinsam den Papierflieger aus.

Findest du den Weg?

So geht es:

1. Suche dir einen Partner.
2. Nehmt euch jeder ein Schmuckblatt.
3. Beschreibt nun auf dem Schmuckblatt jeder einen Weg zu einem Ziel in der Schule: zum Beispiel zur Toilette, zur ersten Klasse, ins Lehrerzimmer ...
4. Lest euch eure Wegbeschreibungen nacheinander vor. Verratet dabei nicht das Ziel. Dieses soll der Partner herausfinden.

Zähneputzen für Außerirdische

So geht es:

1. Nimm dir ein Schmuckblatt.
2. Stell dir vor, ein Außerirdischer besucht dich morgens im Badezimmer. Du putzt dir gerade die Zähne. Er will wissen, was du da machst. Und vor allem: Wie geht das? Beschreibe es ihm Schritt für Schritt auf dem Schmuckblatt.
3. Suche dir einen Partner, der deinen Text liest und dir seine Meinung dazu sagt.

Mein Schulweg

So geht es:

1. Für dieses Spiel brauchst du einen Partner und zwei Kopien eines Stadtplans.
2. Jeder Spieler zeichnet auf dem Stadtplan verdeckt seinen Schulweg ein.
3. Nun erklärt ein Spieler dem anderen den Weg, den er gezeichnet hat. Er darf den Stadtplan nicht zeigen, sondern nur den Weg beschreiben. Der andere Spieler zeichnet diesen Weg auf seinem Stadtplan nach. Ist es derselbe?
4. Tauscht danach, sodass jeder einmal beschreibt.

Interview – Obstsalat

So geht es:

1. Weißt du, wie man Obstsalat macht? Nimm ein Schmuckblatt mit nach Hause und frage deine Mutter oder deinen Vater.
2. Notiere alle Zutaten auf dem Blatt.
3. Schreibe Schritt für Schritt auf, wie man Obstsalat zubereitet.
4. Stelle dein Rezept in der Klasse vor.

Alien ärgere dich nicht!

So geht es:

1. Suche dir einen Partner und ein Mensch-ärgere-dich-nicht-Spiel.
2. Vereinbart, wer einen Alien und wer einen Menschen spielt.
3. Der Alien wüsste gern, wie man das Spiel spielt. Der Mensch darf es aber nur erklären, nichts anfassen oder zeigen.
4. Spielt danach das Spiel. Hat der Mensch alles richtig erklärt?

Grusel-Rezept

So geht es:

1. Überlege dir Zutaten für ein Grusel-Gericht, zum Beispiel „Spinnenbeine“.
2. Nimm dir ein Schmuckblatt und erfinde mit den Zutaten ein Rezept. Vergiss nicht, ihm einen Namen zu geben!
3. Male ein Bild zu deinem Gericht.

Mein Traumtag

So geht es:

1. Stelle dir vor, du könntest einen ganzen Tag lang machen, was du willst.
2. Nimm dir ein Schmuckblatt. Schreibe den Ablauf deines Traumtags genau auf. Beschreibe alles, was passieren soll.
3. Erstellt im Klassenzimmer eine kleine Ausstellung mit euren Traumtagen.

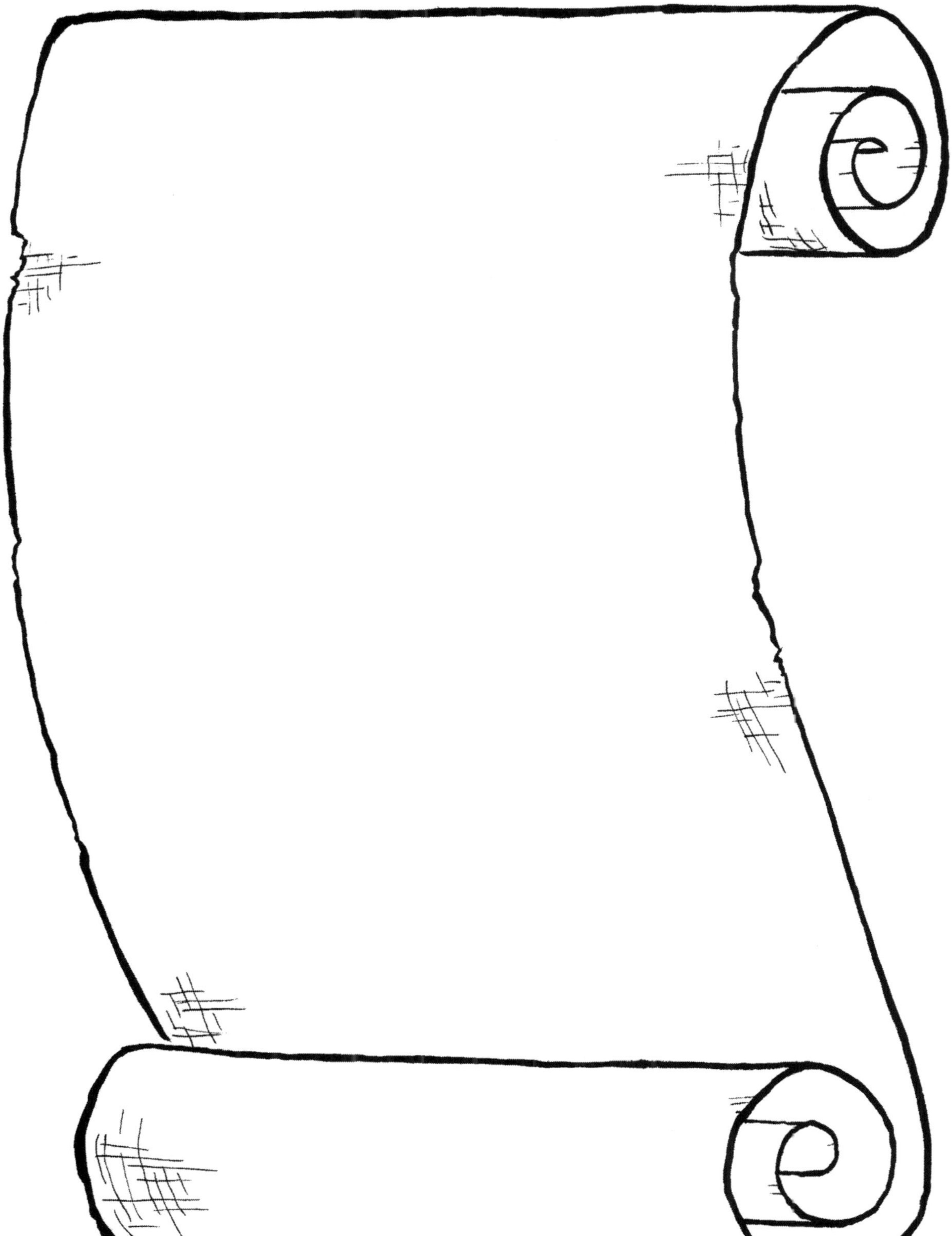

Lösung Biene – Rätselhafte Lücken

Fülle die Lücken mit den Wörtern in der Schriftrolle aus.

Zuerst **lege** ich die Körper-Schablone auf den gestreiften **Karton**. Ich umrande sie mit einem **Bleistift** und **schneide** den Körper aus.

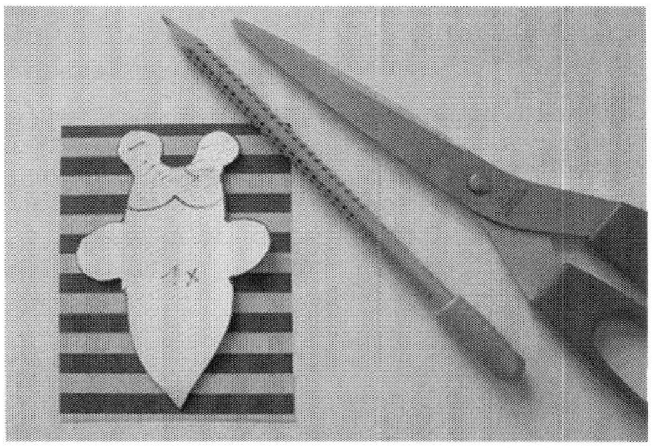

Anschließend bemale ich den **Kopf** und die beiden **Fühler** der Biene mit einem schwarzen **Filzstift**. Nun lege ich die **Flügelschablone** auf schwarzen Karton, **umrande** sie mit einem Bleistift und schneide den **Flügel** aus. Das mache ich zwei Mal.

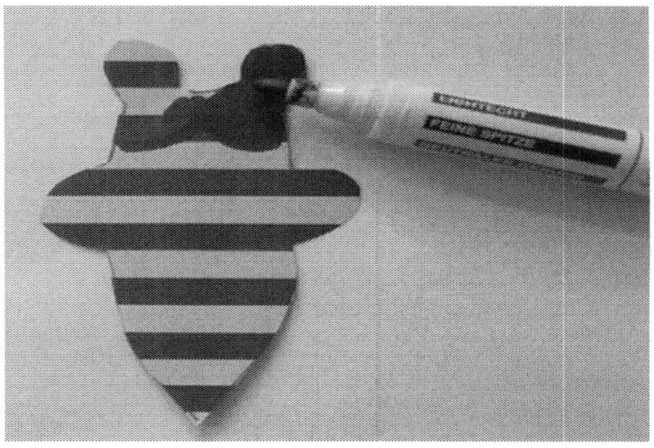

Zum Schluss schneide ich die Flügel etwas ein, klebe die beiden **Spitzen** aufeinander und **klebe** die Flügel nacheinander auf den **Bienenkörper**.

Bienenkörper klebe Spitzen Zum Schluss Flügelschablone
umrande Flügel Filzstift Kopf Fühler Anschließend lege
Karton Bleistift schneide

Lösung Biene – Textstreifen ordnen

Schneide die Textstreifen aus. Ordne sie in der richtigen Reihenfolge. Klebe sie dann auf ein leeres Blatt Papier.

Zuerst legt man die Körperschablone auf das gestreifte Papier.
Man zeichnet mit einem Bleistift den Umriss auf und schneidet den Körper aus.
Anschließend wird der Kopf mit einem schwarzen Filzstift angemalt.
Nun legt man die Flügelschablone auf das schwarze Papier und umrandet sie mit dem Bleistift.
Danach schneidet man den Flügel aus. Das macht man zwei Mal.
Jetzt werden die Flügel an der markierten Stelle etwas eingeschnitten.
Die beiden eingeschnittenen Seiten werden etwas übereinandergeschoben und zusammengeklebt.
Wenn beide Flügel fertig sind, klebt man sie auf den Bienenkörper auf.

Lösung Biene – Textpuzzle

Zuerst lege ich die Körperschablone auf das gestreifte Papier und umrande sie mit einem Bleistift.	Anschließend schneide ich den Körper aus und male den Kopf und die Fühler schwarz an.	Nun lege ich die Flügelschablone auf schwarzes Papier, umrande sie und schneide den Flügel aus.
Das mache ich zwei Mal.	Die Flügel werden in der Mitte etwa einen Zentimeter weit eingeschnitten.	Die angeschnittenen Spitzen schiebe ich etwas übereinander und klebe sie zusammen.
Dadurch wölbt sich der Flügel etwas.	Zum Schluss klebe ich beide Flügel seitlich am Bienenkörper fest.	Fertig!

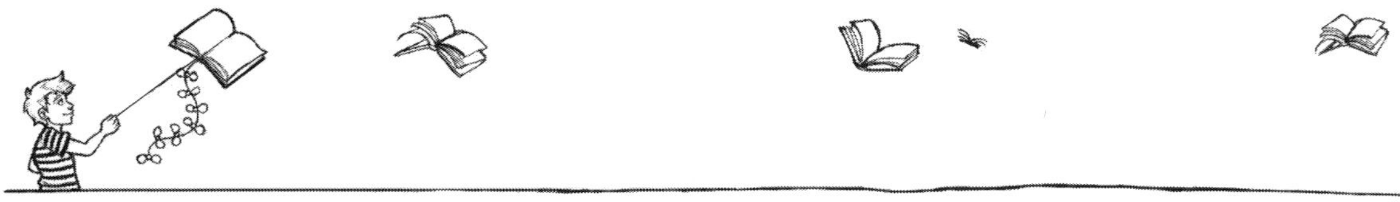

Lösung Biene – Stil (1)

Sätze werden abwechslungsreicher, wenn du sie nicht immer gleich aufbaust. Lies das Beispiel. Stelle dann die Sätze um.

Beispiel:

Zum Schluss klebe ich die Flügel auf.

Die Flügel klebe ich zum Schluss auf.

Ich klebe die Flügel zum Schluss auf.

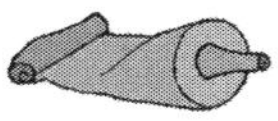

Mittwochs gehe ich immer in die Kunst-AG.

Ich gehe immer mittwochs in die Kunst-AG.

Immer mittwochs gehe ich in die Kunst-AG.

In die Kunst-AG gehe ich immer mittwochs.

Das neue Schwimmbad wird nächste Woche für Besucher eröffnet.

Nächste Woche wird das neue Schwimmbad für Besucher eröffnet.

Für Besucher wird das neue Schwimmbad nächste Woche eröffnet.

Das neue Schwimmbad wird nächste Woche für Besucher eröffnet.

Im Sportunterricht haben wir immer sehr viel Spaß.

Wir haben im Sportunterricht immer sehr viel Spaß.

Sehr viel Spaß haben wir immer im Sportunterricht.

Immer haben wir im Sportunterricht sehr viel Spaß.

Lösung Biene – Stil (2)

Zur Beschreibung von Vorgängen kannst du zwischen der „Ich-Form", „Du-Form" und „Man-Form" wählen. Lies das Beispiel.

Beispiel:
Ich lauf**e.**
Du läuf**st.**
Man läuf**t.**

Die Verben verändern sich, je nachdem welche Form du verwendest!

Schreibe die Verben in den drei Formen auf.

auflegen:

ich **lege auf**, du **legst auf**, man **legt auf**

umranden:

ich **umrande**, du **umrandest**, man **umrandet**

ausschneiden:

ich **schneide aus**, du **schneidest aus**, man **schneidet aus**

einschneiden:

ich **schneide ein**, du **schneidest ein**, man **schneidet ein**

übereinanderschieben:

ich **schiebe übereinander**, du **schiebst übereinander**, man **schiebt übereinander**

Schreibe eine Bastelanleitung zu einem Gegenstand deiner Wahl.
Tipp: Die Merkkarten auf der folgenden Seite helfen dir dabei.

Lösung Patrone – Textpuzzle

Zuerst ziehe ich die Schutzkappe ab.	Nun schraube ich den Füller auf.	Die leere Patrone ziehe ich heraus.
Ich werfe sie direkt in den Müll.	Anschließend nehme ich die neue Patrone aus der Packung.	Ich stecke sie mit der schmalen Seite voran in den vorderen Teil des Füllers.
Ich drücke sie an, bis ich einen leichten Widerstand spüre.	Danach nehme ich den hinteren Teil des Füllers und schraube ihn wieder zu.	Nun schreibe ich vorsichtig, bis die neue Tinte nachfließt.

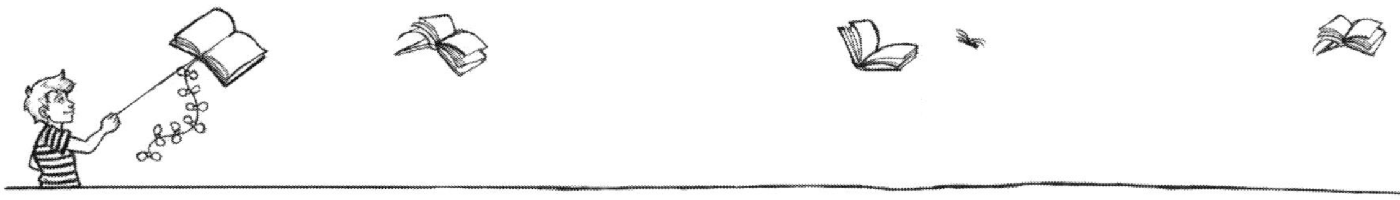

Lösung Patrone – Rätselhafte Lücken

Fülle die Lücken mit den Wörtern in der Schriftrolle aus.

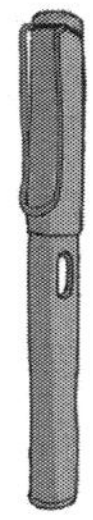

Bevor ich die Patrone wechsle, hole ich ein Stück **Papier** als **Unterlage**, damit der Tisch keine **Flecken** bekommt. Nun **ziehe** ich die Schutzkappe ab.

Anschließend **drehe** ich den Füller auf und ziehe die leere **Patrone** heraus. Ich **werfe** sie direkt in den **Mülleimer**. Aus der **Schachtel** nehme ich eine neue Patrone.

Mit der schmaleren **Seite** zuerst stecke ich sie in den **vorderen** Teil des Füllers und **drücke** sie sanft an, damit sie sich öffnet. Nun **drehe** ich den Füller vorsichtig wieder zu. Ich schreibe etwas auf ein Blatt Papier, bis die neue **Tinte** nachfließt. Fertig!

Tinte werfe drücke Mülleimer Patrone Seite Papier
vorderen ziehe Unterlage drehe (2 x) Flecken Schachtel

Lösung Patrone – Stil (1)

Sätze werden abwechslungsreicher, wenn du sie nicht immer gleich aufbaust. Lies das Beispiel. Stelle dann die Sätze um.

Beispiel:

Anschließend schraube ich den Füller wieder zu.
Ich schraube den Füller anschließend wieder zu.
Den Füller schraube ich anschließend wieder zu.

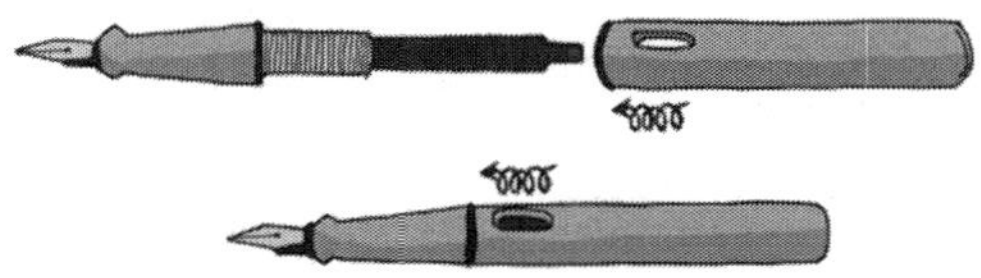

Nach dem Essen mache ich schnell meine Hausaufgaben.

Ich mache meine Hausaufgaben nach dem Essen schnell.

Schnell mache ich nach dem Essen meine Hausaufgaben.

In den Ferien fährt die ganze Familie gern ans Meer.

Die ganze Familie fährt in den Ferien gern ans Meer.

Ans Meer fährt die ganze Familie in den Ferien gern.

Nächste Woche feiern wir mit der Klasse das Schulfest.

Wir feiern mit der Klasse nächste Woche das Schulfest.

Das Schulfest feiern wir mit der Klasse nächste Woche.

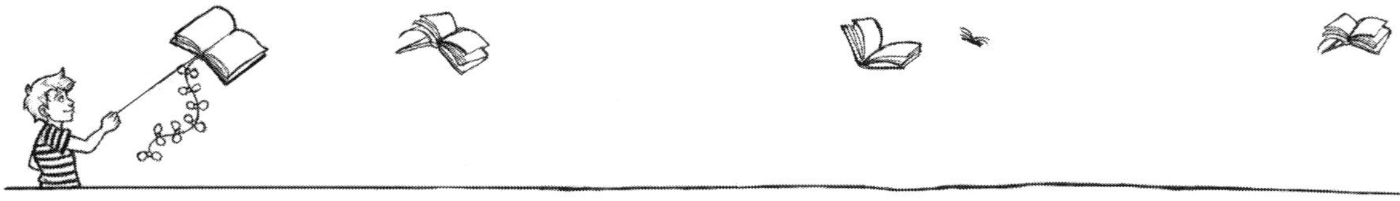

Lösung Patrone – Stil (2)

Zur Beschreibung von Vorgängen kannst du zwischen der „Ich-Form“, „Du-Form“ und „Man-Form“ wählen. Lies das Beispiel.

Beispiel:
Ich seh**e.**
Du sieh**st.**
Man sieh**t.**

Die Verben verändern sich, je nachdem welche Form du verwendest!

Schreibe die Verben in den drei Formen auf.

nachsehen:

ich **sehe nach**, du **siehst nach**, man **sieht nach**

aufschrauben:

ich **schraube auf**, du **schraubst auf**, man **schraubt auf**

wegwerfen:

ich **werfe weg**, du **wirfst weg**, man **wirft weg**

zudrehen:

ich **drehe zu**, du **drehst zu**, man **dreht zu**

Schreibe eine Gebrauchsanleitung zu einem Gegenstand deiner Wahl. Tipp: Die Merkkarten auf der folgenden Seite helfen dir dabei.

Lösung Quark – Rätselhafte Lücken

Fülle die Lücken mit den Wörtern in der Schriftrolle aus.

Kräuterquark mit Dip

Zuerst **öffne** ich die Quarkpackung und fülle den **Quark** in eine **Schüssel**. Anschließend schäle ich mit einem **Schälmesser** die Gurke.

Die Hälfte davon **schneide** ich dann mit einem **Küchenmesser** in kleine **Würfel** und rühre sie in den Quark hinein. Die **Kräuter** zerkleinere ich ebenfalls mit dem Küchenmesser und **rühre** sie unter den Quark. Nun muss ich nur noch **Pfeffer** und **Kräutersalz** hinzugeben und abschmecken. Fertig!

Dazu schmecken frische **Paprikastreifen**, Gurkenstangen, in **Stäbchen** geschnittene Möhren und frisches Baguette. Guten Appetit!

Paprikastreifen Stäbchen Pfeffer Kräutersalz Kräuter Würfel
Küchenmesser Schälmesser schneide rühre Schüssel öffne
Quark

Wenn ihr wollt, probiert das Rezept in der Klasse aus.

Lösung Quark – Legespiel (1)

Schneide die Karten aus. Suche dir einen Partner. Mischt die Karten und legt sie auf dem Tisch aus. Abwechselnd zieht jeder zwei Karten. Zeigen sie ein Bild-Text-Paar, darf man sie behalten. Ansonsten legt man sie wieder zurück. Wer am Ende die meisten Karten hat, gewinnt das Spiel.

Zuerst gibt man den Quark in eine Schüssel.	
Eine Hälfte der Gurke schneidet man mit dem Küchenmesser in kleine Würfel.	
Nun schneidet man die Kräuter klein.	

Lösung Quark – Legespiel (2)

Man gibt Kräuter und Gurkenwürfel in den Quark.	
Danach würzt man mit Kräutersalz und Pfeffer.	
Jetzt ist das Gericht fertig. Guten Appetit.	

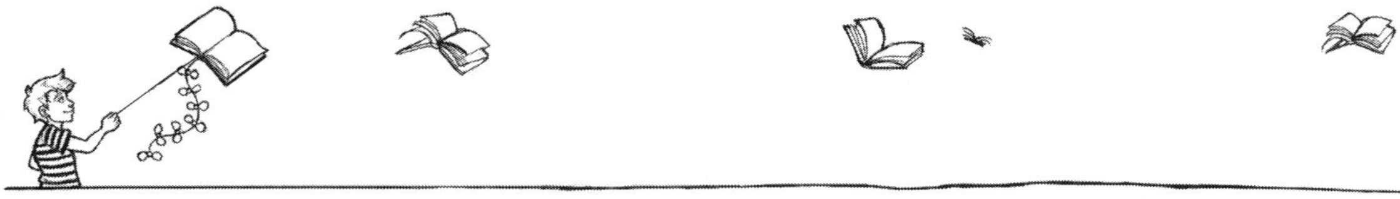

Lösung Quark – Textstreifen ordnen

Die Textstreifen sind durcheinandergeraten. Nummeriere sie in der richtigen Reihenfolge durch.

Guten Appetit!	**9**
Die Gurkenwürfel rührt man mit einem Löffel in die Quarkmasse hinein.	**4**
Danach gibt man die Kräuter in den Quark.	**6**
Dann schneidet man die Kräuter klein.	**5**
Eine Hälfte der Gurke schneidet man mit dem Küchenmesser in kleine Würfel.	**3**
Dazu passen Paprikastreifen, Gurkenstangen, Karottenstäbchen und frisches Baguette.	**8**
Zum Schluss wird alles mit Kräutersalz und Pfeffer abgeschmeckt.	**7**
Zuerst gibt man den Quark in eine Schüssel.	**1**
Nun schält man die Gurke.	**2**

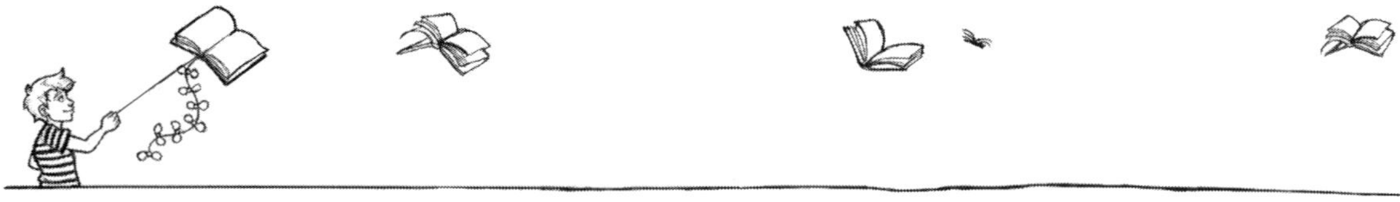

Lösung Quark – Stil (1)

Sätze werden abwechslungsreicher, wenn du sie nicht immer gleich aufbaust. Lies das Beispiel. Stelle dann die Sätze um.

Beispiel:
Zum Schluss schneide ich das Baguette.
Das Baguette schneide ich zum Schluss.
Ich schneide das Baguette zum Schluss.

Heute Nachmittag gehe ich mit meinem Freund zum Fußball.

Mit meinem Freund gehe ich heute Nachmittag zum Fußball.

Zum Fußball gehe ich mit meinem Freund heute Nachmittag.

Dann gebe ich den Zucker in die Schüssel.

Den Zucker gebe ich danach in die Schüssel.

Ich gebe den Zucker danach in die Schüssel.

Das Kochen in der Schulküche macht mir richtig Spaß.

In der Schulküche macht mir das Kochen richtig Spaß.

Mir macht das Kochen in der Schulküche richtig Spaß.

Um Limonade herzustellen, gibt man den Zitronensaft in ein Glas Wasser.

Man gibt Zitronensaft in ein Glas Wasser, um Limonade herzustellen.

Zitronensaft gibt man in ein Glas Wasser, um Limonade herzustellen.

Lösung Quark – Stil (2)

Zur Beschreibung von Vorgängen kannst du zwischen der „Ich-Form“, „Du-Form“ und „Man-Form“ wählen. Lies das Beispiel.

Beispiel:
Ich geb**e.**
Du gib**st.**
Man gib**t.**

Die Verben verändern sich, je nachdem welche Form du verwendest!

Schreibe die Verben in den drei Formen auf.

schütten:

ich **schütte**, du **schüttest**, man **schüttet**

einrühren:

ich **rühre ein**, du **rührst ein**, man **rührt ein**

hinzugeben:

ich **gebe hinzu**, du **gibst hinzu**, man **gibt hinzu**

schneiden:

ich **schneide**, du **schneidest**, man **schneidet**

abschmecken:

ich **schmecke ab**, du **schmeckst ab**, man **schmeckt ab**

Lösungsvorschlag Quark – Stil (3)

Im folgenden Rezept fehlen die Satzanfänge. Ergänze sie so, dass ein folgerichtiger und abwechslungsreicher Text entsteht.

Kräuterquark mit Dip

Zuerst öffnest du die Quarkpackung und füllst den Quark in eine Schüssel. **Danach** schälst du mit einem Schälmesser die Gurke. **Anschließend** schneidest du die Hälfte davon mit einem Küchenmesser in kleine Würfel. **Schließlich** zerkleinerst du die Kräuter ebenfalls mit dem Küchenmesser. **Nun** rührst du beide Zutaten in den Quark hinein. **Zum Schluss** musst du nur noch Pfeffer und Kräutersalz hinzugeben und abschmecken.

Übertrage das Rezept in dein Schreibheft. Ändere dabei die Du-Form in die Man-Form.

Schreibe ein Rezept für ein Gericht, das du gerne magst. Wenn du kein Rezept kennst, kannst du auch eines erfinden.